CHAMBRE DE COMMERCE DE REIMS

DU

PROJET DE LOI

SUR LES

MARQUES DE FABRIQUE & DE COMMERCE

ET SUR LES

NOMS COMMERCIAUX

Rapport de M. Florens WALBAUM

REIMS

IMPRIMERIE ET LITHOGRAPHIE MATOT-BRAINE

Henri MATOT, Fils et Successeur

1889

DU PROJET DE LOI

SUR LES

MARQUES DE FABRIQUE & DE COMMERCE

ET SUR LES

NOMS COMMERCIAUX

Rapport de M. Florens WALBAUM

MESSIEURS,

Le projet de loi sur lequel vous êtes appelés à donner votre avis, a pour but, comme son titre l'indique, de refondre et compléter la législation actuelle sur les Marques, sur le nom commercial et la raison de commerce, et enfin sur le lieu de provenance d'un produit naturel ou fabriqué, quel qu'il soit.

Sur les marques et les garanties légales qui leur sont assurées, notre législation possède un monument important qui a déjà réalisé un progrès considérable sur les lois antérieures : c'est celle des 23-27 juin 1857. Toutefois il faut reconnaître que cette loi, outre certaines obscurités qu'il importe de faire disparaître, présente des lacunes qu'il est nécessaire de combler.

Sur le nom commercial, et la raison de commerce, comme aussi sur le lieu de provenance, notre législation est encore beaucoup plus incomplète, et, sauf les articles 21 et 25 du Code de commerce sur la raison sociale et l'interdiction d'y introduire le nom d'un commanditaire, sauf la loi laconique et beaucoup trop restrictive du 28 juillet 1824, concernant l'apposition sur des objets *fabriqués* du nom d'un *fabricant* autre que celui qui en est l'auteur, ou du nom d'un lieu autre que celui de la *fabrication,* et sauf enfin l'article 19 de la loi du 27 juin 1857 prohibant à l'entrée en France et excluant du transit et de l'entrepôt sur son territoire les produits étrangers portant soit la marque, soit le nom d'un *fabricant* résidant en France, soit l'indication du nom ou du lieu d'une *fabrique* française, on cherche-rait vainement dans nos lois des dispositions réglant d'une manière complète ces importantes matières, et garantissant d'une façon efficace les produits autres que ceux d'une fabrique, contre les fraudes tendant à tromper sur leur origine ou leur provenance.

Le 29 février 1884, le Sénat a été saisi par **M. J.** Bozérian et par plusieurs autres Sénateurs — parmi lesquels nous voyons figurer notre collègue, **M. S.** Dau-phinot, — d'un projet de loi relatif aux manœuvres qui ont pour but de faire passer pour français des produits étrangers ; l'examen de ce projet a été confié à une commission qui, par les études auxquelles elle a dû se livrer, a été amenée à reconnaître l'insuffisance et même l'incohérence des lois qui concernent la protection des marques, celle du nom commercial et de la raison de commerce, et enfin celle du lieu d'origine ou de provenance des produits divers fournis tant par l'industrie que par les exploitations commerciales, agricoles, viticoles, forestières, extractives et autres. La nécessité de les compléter et de les coordonner s'est forcément imposée à la commission sénatoriale qui, avec un zèle auquel on ne peut que rendre justice, s'est mise à l'œuvre et a substitué au projet primitif et limité dont elle avait été saisie, un autre projet où elle a essayé de réunir en un seul et même corps les dispositions actuellement en vigueur, en y apportant de notables modifications et en y ajoutant des dispositions nouvelles.

A ce point de vue, le travail de la commission sénatoriale mérite les plus grands éloges ; a-t-elle complètement réussi dans son entreprise ? C'est ce que l'examen critique de son œuvre nous démontrera.

Le projet qui est sorti de ses délibérations porte le titre suivant : « *Proposition* » *de loi sur les marques de fabrique et de commerce, le nom commercial, la* » *raison de commerce et le lieu de provenance ;* » tel est l'intitulé sous lequel il nous est présenté. — Il comporte neuf titres, ou chapitres, dont le premier traite : « *De la constitution et du droit de propriété des marques.* »

D'après l'article 1er, « les marques peuvent être employées de deux façons » différentes : comme marques de fabrique et comme marques de commerce. — La » marque de fabrique est celle qui est employée par le fabricant, le producteur ou » l'exploitant comme signe distinctif des produits de sa fabrication, de sa production

» ou de son exploitation, que ces produits soient créés de toutes pièces ou simplement
» transformés, ouvrés ou manufacturés dans ses ateliers ou usines.

» — La marque de commerce est celle que peut employer un négociant,
» marchand ou commissionnaire, comme signe distinctif des produits qu'il achète,
» pour les revendre sous sa responsabilité et sa garantie.

» — Toute marque appliquée sur un objet ou sur son enveloppe devra être
» accompagnée d'une façon apparente de la mention **M** de **F**, s'il s'agit d'une marque
» de fabrique, et de la mention **M** de **C**, s'il s'agit d'une marque de commerce.

D'après l'article 2, « la marque de fabrique et la marque de commerce sont
» facultatives. — Toutefois, des décrets rendus en la forme des règlements d'admi-
» nistration publique peuvent exceptionnellement rendre leur emploi obligatoire pour
» les produits qu'ils déterminent. — Sont considérés comme constituant des marques
» de fabrique ou de commerce : les noms sous une forme distinctive, les dénomina-
» tions, si elles ne sont pas des désignations nécessaires, étiquettes, enveloppes,
» formes caractéristiques, cachets, vignettes, lisières, liserés, combinaisons de couleurs,
» dessins, reliefs, lettres, chiffres, devises, pseudonymes, noms imaginaires, signa-
» tures, et en général tout moyen matériel servant à distinguer les produits d'une
» fabrique, d'une exploitation agricole, forestière ou extractive et les objets d'un
» commerce. — L'emploi des décorations françaises conférées par l'Etat est interdi
» comme marque ou composant de marque. »

La première conclusion à tirer du texte de ces deux articles, c'est que le projet
de la commission sénatoriale consacre et maintient la division des marques en deux
classes distinctes : les marques de fabrique d'une part, et les marques de commerce
de l'autre ; c'est la reproduction du système que la loi de 1857 avait déjà adopté par
la disposition finale de son article 1er, où elle résume la définition des marques de
fabrique et de commerce par ces mots: « Sont considérés comme marques de fabrique
» et de commerce................ tous autres signes servant à distinguer les
» produits d'une *fabrique* ou les objets d'un *commerce*. »

De cette classification établie par la loi de 1857 et reproduite par le projet de la
commission sénatoriale, il résulte donc, qu'en principe, la loi ne reconnaît que deux
sortes de marques : celles que les fabricants emploient pour leurs produits, et celles
que les commerçants appliquent aux objets de leur commerce.

Cette classification n'a qu'un tort : c'est qu'elle est absolument inexacte, et qu'elle
est formellement contredite aussi bien par la loi de 1857 elle-même, que par le
nouveau projet qui nous occupe ; en effet, l'un et l'autre, après avoir posé ce principe

restrictif qui, s'il était maintenu, exclurait virtuellement de la protection légale toutes les marques employées à distinguer des produits autres que ceux d'une fabrique ou faisant l'objet d'un commerce, l'un et l'autre, dis-je, ont cependant été forcés de reconnaître qu'il existait, en dehors des fabricants et des commerçants, d'autres producteurs qui ont le droit de créer pour leurs produits des marques spéciales pour la propriété desquelles ils ont, au même titre que les fabricants et les commerçants, droit à la protection de la loi. Tels sont entr'autres les agriculteurs et les viticulteurs auxquels par son article 20, qui contient une dérogation formelle au principe consacré par l'article 1er, la loi de 1857 a reconnu le droit d'invoquer le bénéfice des dispositions qu'elle contient, en les déclarant « applicables aux vins, aux eaux-de-vie et autres » boissons, aux bestiaux, grains, farines, et généralement à tous les produits de » l'agriculture. » Ainsi par cet article 20, qui semble avoir été ajouté après coup, le législateur de 1857 a lui-même annulé la division qu'il avait cru devoir adopter.

Quant aux auteurs du nouveau projet de loi, ils ont bien reconnu eux aussi, qu'en dehors des produits d'une fabrique ou des objets d'un commerce, il en existe une infinité d'autres, qui, provenant, suivant l'énumération qu'ils en font eux-mêmes des exploitations agricoles, viticoles, forestières, extractives ou autres, sont des produits naturels, susceptibles au même titre que les premiers d'être distingués par la marque spéciale adoptée par les propriétaires, fermiers ou concessionnaires de ces exploitations. Mais sans aucune utilité et par une contradiction qui ne peut se justifier, ils ont néanmoins cru devoir maintenir la division de toutes ces marques en deux catégories : les marques de fabrique et les marques de commerce, en faisant rentrer par une disposition aussi illogique qu'arbitraire, parmi les marques de fabrique, celles qu'emploient pour leurs produits, les propriétaires, fermiers, ou concessionnaires des exploitations dont nous venons de reproduire l'énumération. Or, comment peut-on logiquement considérer comme un objet fabriqué, le vin qu'un propriétaire recueille sur sa propriété, les moutons ou autres animaux, les grains, les farines provenant d'une exploitation agricole, les pierres, les ardoises, le sable et les houilles provenant d'exploitations de carrières ou de mines, les bois provenant d'une coupe forestière exploitée par le propriétaire lui-même ? Aucun de ces objets, ne peut, à raison de sa nature propre, être considérés comme des produits fabriqués, d'où il suit qu'il est impossible de faire rentrer dans la catégorie des marques de fabrique, celles dont ils peuvent être revêtues. Ajoutons de suite que ceux qui recueillent ces produits et qui les vendent ne faisant pas en cela acte de commerce, les marques qui les distinguent ne sauraient pas davantage être rangées parmi les marques de commerce.

Cela étant, n'est-il pas infiniment plus simple et plus logique de ne pas s'embarrasser d'une classification qui, non seulement est inutile, mais qui, de plus, est en contradiction formelle avec la réalité des choses. De tout ceci, je conclus qu'il y a lieu de rejeter la division arbitraire proposée par les auteurs du nouveau projet, et si sur ce point, Messieurs, vous partagez mon avis, il est évident que comme conséquence vous rejetterez également la prescription insérée dans l'article 1er et en vertu de laquelle « toute marque appliquée sur son objet, ou sur son enveloppe, devra être » accompagnée d'une façon apparente de la mention **M** de **F**, s'il s'agit d'une marque » de fabrique, et de la mention **M** de **C**, s'il s'agit d'une marque de commerce. » Vainement les auteurs du projet ont-ils cherché à démontrer l'utilité de ces mentions, rendues obligatoires par des pénalités sévères, en invoquant l'intérêt de l'acheteur. Il faut, dit le rapporteur de la loi, « il faut que l'acheteur soit renseigné sur l'origine du » produit qu'on lui vend, qu'il sache s'il est français ou d'une provenance étrangère. » Jusqu'ici une marchandise passant à la frontière sans marque de fabrique peut, à son » arrivée chez le commerçant, recevoir une marque de commerce, et l'acheteur, que » la loi actuelle ne met pas en garde, prendra la marque de commerce pour une » marque de fabrique. C'est une lacune qu'il faut combler, un danger qu'il faut » faire disparaître, en inscrivant dans la nouvelle loi, comme obligatoire, la mention » **M** de **F** ou **M** de **C**. Tandis que la première indiquera à l'acheteur que le produit » est de *fabrication française*, la seconde l'avertira, au contraire, que son origine » n'est point garantie. Le commerçant, en effet, indiquera seulement par sa marque, » qu'il vend sa marchandise. »

Ce sont là, Messieurs, qu'on me permette de le dire, des considérations qui ne reposent sur rien de bien sérieux, et qui, tout d'abord, sont en contradiction formelle avec ce principe consacré par la loi de 1857 et admis par le nouveau projet, d'après lequel l'usage des marques est simplement facultatif et nullement obligatoire.

Si les fabricants et les commerçants ne sont pas tenus de revêtir d'une marque qui leur soit propre, les produits qu'ils fabriquent ou qu'ils achètent pour les revendre, on conçoit difficilement que, quand, dans leur intérêt, ils jugent à propos d'en adopter une, ils soient forcés d'y imprimer une mention destinée à prévenir le public qu'en trafiquant avec lui, ils agissent en qualité de fabricants ou de commerçants ; on le conçoit d'autant moins que l'acheteur se préoccupe fort peu de savoir si le produit qui lui est offert porte une marque de fabrique ou une marque de commerce, car ses préférences ne se déterminent que par la réputation de la marque qu'on lui propose, par la qualité du produit qui en est revêtue et par le prix qui en est demandé.

N'est-ce pas, en outre, commettre une confusion que de considérer la marque comme devant servir avant tout de garantie pour l'acheteur ? Telle n'est certainement pas la préoccupation de celui qui crée une marque pour en revêtir ses produits ; son but est avant tout de s'approprier un moyen de les faire distinguer de produits similaires qui peuvent lui faire une concurrence plus ou moins loyale ; le consommateur en profite sans doute du même coup, suivant qu'il s'agit d'une marque ayant acquis une réputation plus ou moins justifiée, mais, c'est, je le répète, surtout dans son propre intérêt et afin d'éviter des confusions préjudiciables, que le fabricant, le commerçant ou autre, crée la marque qui doit être le signe distinctif des produits qu'il offre à la consommation.

Ajoutons enfin, que, dans bien des cas, il pourra être fort difficile d'établir une ligne de démarcation entre la fabrication et le négoce, car le fabricant qui achète des matières, qui les transforme et en obtient des produits qu'il vend et livre à la consommation, fait acte de commerce, il est, par conséquent, lui-même un véritable commerçant ; d'où il suit qu'il peut aussi bien considérer sa marque comme marque de commerce que comme marque de fabrique : la distinction que le projet de loi prétend établir et consacrer par les mentions **M** de **F** et **M** de **C**, prescrites sous peine d'amende, ne repose donc sur aucune base réelle et précise ; et rien ne saurait en justifier le maintien.

Quant aux éléments divers qui peuvent servir à constituer les marques, le projet de la commission sénatoriale en contient une énumération plus complète que la loi de 1857 ; toutefois, on remarque dans cette énumération des synonymes qui sont à supprimer : c'est ainsi qu'aux *noms sous une forme distinctive*, on ajoute : les *pseudonymes* et les *noms imaginaires*. N'est-ce pas dire trois fois la même chose, et ne suffit-il pas d'énoncer, comme l'a fait la loi de 1857, *les noms sous une forme distinctive*, ce qui comprend en même temps les noms imaginaires et les pseudonymes ?

Comme la loi de 1857, le nouveau projet admet parmi les marques les *dénominations*, qui, dans la pratique, occupent une place si considérable ; mais, toutefois avec cette restriction que les dénominations adoptées ne seront pas la désignation nécessaire de la marchandise à laquelle elles s'appliquent. Par cette disposition, le projet ne fait que consacrer un point de jurisprudence unanimement admis.

L'article 2 du projet contient *in fine* une disposition qui interdit comme marque ou composant de marque l'emploi des décorations conférées par l'État. On ne peut qu'approuver cette interdiction basée sur un sentiment de convenance qui s'explique par lui-même.

Mais outre cette disposition prohibitive, il en est une autre qui me paraît devoir également prendre place dans la loi : c'est celle qui aurait pour effet d'interdire la mention dans une marque d'un domicile fictif, c'est-à-dire autre que le domicile réel de celui qui fait usage de cette marque : cette interdiction me paraît nécessaire pour faire cesser un abus qui, s'autorisant du silence de la loi, tend à devenir chaque jour de plus en plus fréquent, et dont je m'étonne que les auteurs du nouveau projet ne se soient pas préoccupés. Il suffit cependant, pour en constater les progrès, de jeter les yeux sur les marques dont le *Bulletin officiel de la Propriété industrielle et commerciale* nous révèle l'existence : un nombre considérable de ces marques consiste en noms imaginaires choisis parmi les plus illustres, ornés de titres nobiliaires, ou simplement vulgaires et roturiers ; c'est ainsi que les Dupanloup, les Lamartine, les Victor Hugo figurent dans des marques de fantaisie à côté d'un Duc des Chapelles, d'un Duc de Richaudeau, d'un Léon Favre et C°, d'un Lebeau et C°, etc., etc. : un long usage a consacré ce droit, et la loi en autorisant l'emploi de noms d'emprunt comme marque ou composant de marque n'a fait que le reconnaître à son tour. Quoique ces sortes de marques ne soient employées la plupart du temps que pour l'écoulement de mauvais produits auxquels celui qui les met en vente ne se soucie pas d'attacher son nom, de crainte d'en compromettre la réputation, il faut reconnaître que l'interdiction d'employer des marques de ce genre heurterait trop violemment un usage aussi invétéré et soulèverait un trop grand nombre de réclamations, pour qu'il soit possible de tenter de la faire admettre dans la loi. Je crois donc, Messieurs, qu'il n'y a pas lieu d'entrer plus avant dans l'examen de cette grave question et qu'il faut accepter comme un fait légitimement acquis, l'appropriation comme marques ou composant de marques des noms imaginaires, sous la réserve bien entendu des droits de ceux auxquels ils appartiendraient comme noms patronymiques et qui n'en auraient pas autorisé l'emploi.

Mais si nous devons nous incliner devant ce que la loi a légitimé, devons-nous nous incliner également devant les fausses mentions de domicile qui tendent à s'introduire dans les marques composées de noms imaginaires ? La loi ne doit-elle pas au contraire les interdire formellement à ceux qui, s'autorisant de son silence, croient pouvoir commettre cet abus? Telle est la question, Messieurs, que je vous propose d'examiner et de résoudre.

En principe, il faut reconnaître que nul ne peut s'attribuer un domicile dans un lieu où il n'a ni habitation ni établissement, car aux termes de la loi, — articles 102 et 103 du Code civil — le domicile est au lieu où l'on a son principal établissement et où l'on a son habitation réelle, d'où il suit que toute indication de domicile contraire à ces deux conditions, est illicite.

A un autre point de vue, il est manifeste que prendre le nom d'une localité et s'y attribuer un domicile supposé, c'est porter atteinte à la propriété du nom de cette localité, car ce nom n'appartient pas à tout le monde, mais uniquement à ceux qui en étant habitants, y ont leur domicile réel et légal ; d'où il suit que prendre dans une marque le nom d'une commune comme indication d'un domicile qui n'appartient pas au créateur de cette marque, constitue une usurpation illicite qui doit être interdite.

Mais, dira-t-on, si ce procédé qui consiste à composer une marque d'un nom imaginaire en y ajoutant l'indication d'un domicile non moins imaginaire ne cause de préjudice à personne, ne serait-ce pas pousser trop loin la rigueur du droit, et ne doit-on pas se souvenir que souvent le *summum jus* est aussi *summa injuria ?*

Je crois, Messieurs, qu'il est facile de répondre à cette objection et de démontrer que la tolérance en cette matière peut entraîner de graves inconvénients. En effet, quand une marque sert à dissimuler non seulement la personnalité de son auteur, mais encore son domicile réel, où pourront diriger leurs recherches ceux qui seraient lésés dans leurs intérêts par l'emploi de noms qui leur appartiennent et qu'il peut ne pas leur convenir de laisser prendre pour pavillon d'une marchandise la plupart du temps de mauvaise qualité ? Si ces marques sont déposées, ce qui n'est pas toujours le cas, dans quel dépôt iront-ils chercher les noms et le domicile réels du propriétaire de cette marque ? Sera-ce au greffe du Tribunal dans l'arrondissement duquel le faux domicile a été pris ? Leurs recherches y seraient vaines, car c'est au greffe du Tribunal du domicile réel que le dépôt se trouve. Sera-ce dans les répertoires du Bulletin officiel ou du Conservatoire des Arts et Métiers où sont centralisés tous les dépôts faits dans les divers Tribunaux de France ? Ils n'y trouveront pas davantage la trace qu'ils auraient intérêt à découvrir, car ces répertoires sont formés et ne peuvent être formés que des noms réels des déposants, et vainement on y rechercherait les noms imaginaires sous lesquels ils dissimulent leurs personnalités.

De tout ceci il me semble qu'il faut en conclure qu'il y a là un abus et un désordre qu'il est de l'intérêt du commerce honnête et loyal de voir cesser ; c'est pourquoi je crois devoir vous proposer, Messieurs, la disposition prohibitive dont j'ai eu l'honneur de vous indiquer la portée ; et qui dans le texte de la loi nouvelle, prendrait place à la suite de l'interdiction de l'emploi des décorations décernées par l'Etat comme marques ou composant de marques.

En résumé, si sur les divers points que j'ai examiné à l'occasion des articles 1er et 2e du projet de loi en question, vous partagez les appréciations que j'ai eu l'honneur de vous soumettre, je vous proposerais de réunir, comme dans la loi de 1857, ces deux premiers articles en un seul, qui serait ainsi conçu :

« ARTICLE 1er. — L'usage ou l'emploi d'une marque est facultative. — Toutefois des décrets rendus en la forme des règlements d'administration publique, peuvent exceptionnellement le déclarer obligatoire pour les produits qu'ils déterminent. — Sont considérés comme marques : les noms sous une forme distinctive ; les dénominations, si elles ne sont pas des désignations nécessaires, les étiquettes, enveloppes, formes caractéristiques, cachets, vignettes, lisières, liserés, combinaisons de couleurs, les dessins, reliefs, lettres, chiffres, devises, signatures, et en général tout moyen matériel servant à distinguer les objets d'un commerce, les produits d'une fabrication, ceux d'une exploitation agricole, viticole, forestière, extractive ou autre. — L'emploi des décorations conférées par l'Etat est interdit comme marque ou composant de marque. — Toute mention dans une marque d'un domicile fictif autre que le domicile réel de celui qui fait usage de cette marque, qu'elle soit accompagnée, précédée ou suivie d'un nom ou d'une raison sociale imaginaire est également interdite. »

Nous aurons fini, Messieurs, l'examen du titre Ier en mentionnant l'article 3 du projet qui a pour but de limiter le droit de propriété et de déclarer que ce droit « ne » s'étend pas au delà du ou des genres d'industrie ou de commerce pour lesquels la » marque est déclarée et employée. » Cette disposition qui se justifie d'elle-même, comble une lacune de la loi de 1857, à laquelle la jurisprudence avait dû déjà suppléer. Toutefois vous remarquerez, Messieurs, que le texte de cet article se rapporte à la division des marques en deux catégories ; or, si vous adoptez, comme j'ai eu l'honneur de vous le proposer, la suppression de cette division, il y aurait lieu de modifier la rédaction du projet, et de dire que « le droit de propriété d'une marque ne s'étend pas » au delà du ou des genres de produits pour lesquels elle est déclarée et employée. »

Nous passons maintenant, Messieurs, au titre II, qui traite du dépôt des marques et de ses formalités.

Les auteurs du nouveau projet qui nous occupe ont accepté ce principe déjà reconnu et consacré par la législation antérieure, à savoir : que la propriété d'une marque est indépendante du dépôt qu'en fait l'inventeur, ce qui revient à dire que le dépôt d'une marque est simplement déclaratif et non attributif du droit de propriété, ou, suivant les termes de l'article 7 du projet, que « celui qui le premier a fait l'usage » public d'une marque en a seul la propriété. » Si l'on devait admettre dans leur intégralité les conséquences logiques qui découlent de ce principe, il s'en suivrait que le propriétaire d'une marque, lors même qu'il ne l'aurait pas déposée, pourrait intenter contre quiconque porterait atteinte à son droit, toutes actions propres à le garantir, soit en dommages-intérêts pour réparation du préjudice à lui causé, soit en revendication de sa propriété, soit enfin par voie correctionnelle afin de répression du délit de contrefaçon ou d'imitation frauduleuse commis à son préjudice. Mais il a paru au législateur que, s'il était juste de reconnaître le droit de propriété d'une marque non à celui qui le premier en a fait le dépôt, mais à celui qui le premier en a conçu et appliqué l'idée, il était cependant nécessaire que par un acte public celui-ci fît connaître sa volonté d'en réserver l'usage exclusif à son profit, c'est pourquoi les articles 2 et 17 de la loi de 1857 ont imposé la formalité d'un dépôt préalable au greffe du Tribunal de commerce de son domicile, à quiconque veut intenter une action en revendication d'une marque, ou poursuivre correctionnellement les délits de contrefaçon ou d'imitation frauduleuse dont il se prétend victime. Mais qu'on veuille bien le remarquer : alors même que les faits qui donnent lieu à l'action civile en revendication ou à la poursuite en contrefaçon, sont antérieurs au dépôt, la loi de 1857 n'en déclare pas déchu celui qui veut les exercer, elle se borne à exiger pour qu'elles soient recevables, que le demandeur ou le plaignant régularise par le dépôt préalable de sa marque, sa situation de propriétaire. Il y a plus, d'après la loi de 1857, le dépôt préalable n'est même pas exigé lorsque la partie lésée se borne à intenter une simple demande en dommages-intérêts fondée sur le principe général formulé dans ces termes, par l'article 1382 du Code civil : « Tout fait quelconque de l'homme qui cause à » autrui un dommage, oblige celui par la faute duquel il est arrivé, à le réparer. »

Tout autre est le système adopté par la nouvelle loi proposée, dont l'article 4 dispose, en effet, que « nul ne peut revendiquer la propriété exclusive d'une marque, » ni exercer aucune action contre les atteintes portées à cette propriété, s'il n'a fait le » dépôt des pièces suivantes, etc..... », et en ce qui concerne particulièrement les actions par la voie correctionnelle, non seulement elles sont subordonnées au dépôt préalable, mais même à l'expiration d'un délai de 10 jours à partir de la publication de ce dépôt dans une feuille officielle, qui devra être publiée sous le contrôle et par les soins du Gouvernement. C'est ce qui résulte des termes très ambigus du second § de l'article 6 ainsi conçu : « Nul ne peut exercer l'action résultant des délits prévus et » définis par l'article 25 de la présente loi, s'il ne s'est écoulé dix jours après la » publication et pour les faits postérieurs à l'expiration de ce délai. » Si cette rédaction exprimait exactement et dans son sens grammatical la pensée de la commission sénatoriale, il en résulterait qu'en matière de contrefaçon et d'imitation frauduleuse de marques, aucune action correctionnelle ne serait plus admise à l'avenir, puisque d'après l'article 4, « aucune action ne peut être intentée pour faits antérieurs au dépôt, et qu'aux termes du § 3 de l'article 6, que nous venons de citer, on ne peut intenter de poursuites correctionnelles « pour les faits postérieurs à l'expiration du délai de dix » jours à partir de la publication de ce dépôt. » Sans doute le rédacteur a mal rendu la pensée de la commission qui a dû vouloir dire que : « Nul ne peut exercer l'action

— 13 —

» résultant des délits prévus et définis par la présente loi que pour les faits postérieurs
» à l'expiration des dix jours qui suivront la publication de l'acte de dépôt. »

Quoiqu'il en soit, il résulte de ce qui précéde et des commentaires du rapporteur,
l'honorable M. Dietz-Monnin, que dans le système de la nouvelle loi, toutes les actions
civiles en dommages-intérêts ou en revendication de propriété de marques et les
actions par voie de plainte correctionnelle sont subordonnées, à la nécessité du dépôt,
et que tant que ce dépôt n'a pas été régularisé, les faits qui peuvent porter atteinte à
cette propriété ne donnent lieu à aucune action, soit civile, soit correctionnelle ; en
un mot, tout en conservant le principe duquel il résulte que le dépôt est déclaratif et
non attributif de la propriété d'une marque, le projet lui enlève l'une de ses principales
conséquences, qui consiste, sous l'empire de la législation existante, dans le droit
reconnu à la partie lésée de déférer aux Tribunaux civils ou correctionnels les faits
portant atteinte à cette propriété, quelle que soit l'époque à laquelle ils ont été commis,
pourvu qu'ils ne soient pas couverts par la prescription.

Je ne crois pas, Messieurs, que vous deviez adopter cette grave atteinte portée
à nos lois actuelles ; car, si l'on conçoit la nécessité d'un dépôt préalable à l'action,
il est plus difficile d'admettre qu'il soit juste et équitable d'accorder une immunité
absolue aux atteintes portées à une propriété légitime par cette seule raison qu'elles
résultent de faits antérieurs au dépôt. La déchéance prononcée dans ce cas contre le
légitime propriétaire est une innovation qu'on essaie vainement de justifier, en se
fondant sur ce que celui qui a fait usage d'une marque, déjà exploitée antérieurement
par un autre, peut, en l'absence d'un fait public qui lui en eut révélé l'existence,
avoir été de bonne foi, et que, dans cette hypothèse, admettre qu'il put être
actionné en justice par voie correctionnelle ou même par simple voie civile, serait une
rigueur extrême. Il est en effet difficile d'admettre que le hasard peut amener chez
deux personnes n'ayant aucun rapport entr'elles, la même conception d'idées pour
imaginer et créer deux marques identiques, et lorsque sur des produits d'une même
espèce, mais provenant de deux sources différentes, on rencontre la même marque,
il est certain que l'une est la copie voulue ou l'imitation cherchée de l'autre. En tous
cas ne serait-il pas souverainement injuste de refuser au légitime propriétaire, tout au
moins, le droit de revendiquer sa propriété, dont un autre s'est emparé, inconsciem-
ment soit, mais néanmoins sans droit ? Peut-on, sans violation des règles de la plus
vulgaire justice, le dépouiller du droit de faire reconnaître sa légitime propriété ?
Spécialement en ce qui concerne l'action correctionnelle, il ne faut point oublier que
ce que la loi déclare punissable c'est le fait de contrefaçon, ou d'imitation frauduleuse. Or peut-il y avoir contrefaçon inconsciente ? Evidemment non, car le mot

contrefaçon dans le sens juridique et grammatical qui y est attaché signifie : la reproduction frauduleuse d'une chose déjà imaginée ou inventée par une autre (Dictionnaire de Larousse) d'où il suit que la contrefaçon, quand elle existe, implique nécessairement un fait frauduleux et intentionnellement coupable ; autrement, c'est-à-dire si cette intention coupable n'existait pas, il n'y aurait pas contrefaçon. Les auteurs du projet peuvent donc se rassurer : si le hasard amène ce résultat extraordinaire qui les a si vivement préoccupés, de deux marques identiques imaginées par deux personnes à l'insu l'une de l'autre, les Tribunaux sauront s'en rendre compte, et comme alors il n'y aura pas eu d'intention, ni de fait frauduleux, ils déclareront qu'il n'y a pas eu contrefaçon ou autrement dit reproduction frauduleuse, et ils renverront le prévenu des fins de la plainte dont il aura été l'objet. C'est bien à raison du sens propre du mot contrefaçon que le législateur, lorsqu'il punit l'imitation, mot, dont la signification ne renferme pas en elle-même l'idée d'une action coupable, a eu soin d'ajouter le qualificatif de *frauduleuse*, pour déterminer le caractère délictueux qui rend l'imitation punissable. Il suit de là que la loi n'atteint et ne condamne que les actes frauduleux, et l'on concevrait difficilement que de semblables faits fussent mis à l'abri du châtiment qu'ils méritent, parce qu'ils auraient été accomplis avant le dépôt et même avant l'expiration du délai de 10 jours à compter de la publication de ce dépôt. Ce sont là des dispositions qui, à mon avis, ne sont ni pratiques ni juridiques, et cela d'autant moins que le propriétaire de la marque qu'il s'agit de préserver des atteintes de la contrefaçon, n'est même pas maître de la publication de son dépôt, et qu'elle doit être faite par les agents irresponsables de l'administration. Il est vrai que le projet leur impartit pour cela un délai de 10 jours, mais comme l'observation de ce délai n'est garanti par aucune sanction, il est évident que dans la pratique, il ne sera jamais observé, et pendant ce temps la contrefaçon aura libre carrière.

N'est-ce pas d'ailleurs exagérer l'importance du dépôt et de sa publication, que de croire qu'ils serviront d'avertissement et préviendront les délits ? Ce qui fait connaître une marque, c'est l'usage public qu'en fait l'inventeur, c'est la réputation qu'il sait lui donner par la qualité des produits pour lesquels il l'emploie, mais ce ne sont pas les dépôts faits au greffe, ni leur publication dans le Bulletin officiel qui ne sont consultés que par un public extrêmement restreint. Si donc les contrefacteurs consultent ou compulsent les actes de dépôt et la feuille officielle où ils sont reproduits, c'est bien plus pour y puiser des idées d'imitation plus ou moins serviles, que pour éviter ces étonnants hasards, qui ont tant excité la pitié et la sollicitude de la commission sénatoriale à laquelle on serait tenté de dire :

> Votre compassion.....
> Part d'un bon naturel, mais quittez ce souci.

Mais elle en était tellement agitée, que par un surcroît de prudence exagérée elle a cru devoir spécifier dans le 3ᵉ § de son article 7 « que le seul emploi par un tiers » d'une marque non déposée, fait de bonne foi, ne donne lieu à aucune action, » disposition tout au moins inutile, puisque l'article 4 et le § 2ᵉ de l'article 6 interdisent toute action à raison des faits portant atteinte à la propriété d'une marque lorsqu'ils sont antérieurs au dépôt, et cela sans aucune distinction entre la bonne ou la mauvaise foi de leurs auteurs !

En résumé, Messieurs, j'estime qu'il y a lieu de maintenir les dispositions de l'ancienne loi, et de rejeter le système que la commission sénatoriale propose d'y substituer, et cela d'autant plus que les Tribunaux sont investis de pouvoirs suffisants pour, sous l'empire des principes du droit commun, reconnaître et constater la bonne ou la mauvaise foi et appliquer les conséquences légales qui doivent en être déduites.

Pour en terminer avec le titre II, nous avons à étudier maintenant les nouvelles formalités qu'il édicte au sujet du dépôt des marques. Comme vous le savez, Messieurs, d'après la loi de 1857 et le règlement d'administration publique du 26 juillet 1858, rendu en exécution de l'article 22 de cette loi, ces formalités ont été réglées de la manière suivante :

Le propriétaire d'une marque, lorsqu'il est domicilié en France, en dépose un modèle en double exemplaire au greffe du tribunal de commerce de son domicile, et au greffe du tribunal de commerce de la Seine, s'il est domicilié à l'étranger ; l'un de ces exemplaires est conservé au greffe où le dépôt est effectué, dans un registre spécial, et l'autre est transmis dans les cinq jours au plus tard, au Ministère du Commerce et de l'Industrie pour être déposé au Conservatoire des Arts et Métiers : procès-verbal indiquant le jour et l'heure du dépôt, le nom du propriétaire de la marque, et celui de son fondé de pouvoir, si le dépôt est effectué par un mandataire, la profession du déposant, son domicile, et le genre de produit pour lequel la marque est destinée, est dressé par le greffier. Telles sont, en résumé, les formalités fort simples prescrites pour régulariser un dépôt. Le projet de la commission sénatoriale modifie profondément cette procédure : il crée tout d'abord, pour toute la France, un seul et unique dépôt central, dont le siège n'est pas déterminé, et doit l'être par un règlement d'administration publique. C'est à ce dépôt central que tout propriétaire d'une marque en devra déposer trois exemplaires, en y ajoutant un cliché typographique et un récépissé du montant d'une taxe (fixée à 10 francs, timbre et enregistrement compris), ainsi que des frais de publication et de poste qui seront déterminés par le même règlement d'administration publique ; ce récépissé à joindre au dépôt implique que le déposant devra préalablement avoir réalisé le paiement de ces divers frais entre les mains d'un comptable de deniers publics, qui n'est pas désigné, mais que ne saurait être le même fonctionnaire que celui qui sera proposé au dépôt central, puisqu'on devra lui présenter, ou lui envoyer par la poste et lui laisser le récépissé justifiant l'acquit de la taxe et des frais de publication et de poste. — Ces divers documents, les trois exemplaires du modèle de la marque, le cliché typographique, le récépissé de la taxe et des frais doivent être transmis au dépôt central, soit par la poste sous pli recommandé, soit par le propriétaire lui-même, soit enfin par un fondé de pouvoir, muni d'une procuration spéciale, qui demeurera annexée au procès-verbal de dépôt. — Le préposé au dépôt central, — qui n'a aucun droit de contrôle sur la teneur du dépôt et n'a à vérifier que les conditions matérielles imposées aux pièces du dépôt — remet, séance tenante, ou renvoie par la poste, également sous pli recommandé, à l'ayant-droit, l'un des exemplaires de la marque sur lequel il inscrit le jour et l'heure du dépôt et y applique son visa accompagné du timbre administratif. Enfin l'acte de dépôt doit être publié dans les dix jours de sa date dans une feuille officielle spécialement consacrée à la propriété industrielle et commerciale.

Telle est, Messieurs, la procédure que les auteurs de la nouvelle loi ont, ainsi qu'ils le disent eux-mêmes, emprunté à plusieurs législations étrangères. Il peut être bon de faire parfois des emprunts à l'étranger, mais à la condition d'améliorer ce qui existe chez nous ; or, je ne crains pas de le dire, la procédure nouvelle qu'on nous propose est loin d'être une amélioration, et je verrais à son adoption de graves et sérieux inconvénients. Examinons cependant les raisons que l'on fait valoir pour en soutenir la prétendue supériorité.

D'une part, on nous dit que le service de la transmission des dépôts de marques au Ministère du Commerce et de l'Industrie, confié par la loi actuelle aux greffiers des Tribunaux de commerce, se fait mal, que souvent même, il ne se fait pas du tout ; que de cette manière de procéder, il résulte que plusieurs marques identiques peuvent être déposées simultanément en des points différents du territoire, sans que l'un ou l'autre des déposants en soit averti ; — que si parmi ces déposants, il s'en trouve deux ou plusieurs exerçant la même profession industrielle, commerciale ou autre, ce seront autant de contrefacteurs *involontaires*. J'ai déjà répondu à l'argument de la simultanéité d'invention d'une même marque par deux ou plusieurs personnes, je n'ai donc pas à revenir sur ce sujet : j'ajouterai cependant qu'en admettant qu'elle se produise, je ne vois pas en quoi la suppression des dépôts confiés aujourd'hui aux greffiers des Tribunaux de commerce, et leur remplacement par un Dépôt central pourrait remédier aux inconvénients qu'elle entraînerait, car, enfin, si la simultanéité est possible, et si on doit la prévoir, elle peut se produire tout aussi bien dans le système du Dépôt unique, que dans celui des dépôts multiples, et si le préposé reçoit par la poste et par le même courrier deux, trois ou un plus grand nombre de plis recommandés contenant autant de marques semblables destinées à un produit de même nature, il n'en sera pas moins tenu de les enregistrer toutes en datant leurs dépôts de la même heure et du même jour, sauf aux déposants à débattre ensuite entre eux la question d'antériorité, d'emploi et d'usage qui seule est attributive du droit de propriété. L'argument de la simultanéité n'est donc pas suffisamment probant pour enlever aux intéressés la facilité d'opérer leurs dépôts, dans un lieu situé à proximité du siége de leur exploitation ; — quant à l'inexactitude reprochée aux greffiers dans l'accomplissement de leur devoir, si elle existe exceptionnellement, il est facile d'y mettre un terme, grâce aux mesures disciplinaires, dont il y aurait lieu, en pareil cas, de réclamer l'application. Est-on bien sûr d'ailleurs, qu'en changeant de fonctionnaires, on aura du préposé chargé de la direction du Dépôt central et des nombreux employés qu'on sera dans la nécessité de lui adjoindre, une plus grande exactitude ?

Donc à aucun point de vue, le dépôt unique substitué aux dépôts multiples n'offre d'avantages et n'a de raison d'être ; il aurait, au contraire, l'inconvénient pour les intéressés de la province de compliquer la régularisation de leurs dépôts ; vainement on met à leur disposition le mode d'envoi par la poste sous pli recommandé ; ils trouveront que cet intermédiaire entr'eux et le Dépôt central ne leur présente pas de garanties suffisantes, et pour se mettre à l'abri des retards qu'une irrégularité pourrait entraîner, ils auront forcément recours à des mandataires, c'est-à-dire à des agents d'affaires spéciaux qui gréveront leurs dépôts de frais et honoraires inutiles. Dans le système actuel, ils ont à leur portée le greffe du tribunal de leur domicile, et sans entremise de tiers étrangers, ils peuvent veiller eux-mêmes à la régularisation séance tenante des dépôts qu'ils ont à faire.

Il est enfin une dernière considération dont l'importance est trop considérable, pour qu'elle soit négligée : je veux parler du cas où un incendie viendrait à anéantir le Dépôt central et ses archives. Par quel moyen pourrait-on les reconstituer, puisque les duplicata des titres constitutifs de la propriété des marques n'existeraient plus qu'entre les mains de simples particuliers qui, par suite de circonstances impossibles à prévoir, peuvent les avoir égarés ? Dans le système actuel, au contraire, que tel ou tel greffe vienne à être détruit par le feu, les dépôts des marques dont il avait la garde, se reconstitueraient facilement au moyen des duplicata concentrés au Conservatoire des Arts et Métiers, et si le Conservatoire lui-même était dévoré par un incendie, il trouverait dans les greffes des Tribunaux de France tous les éléments nécessaires à la reconstitution complète des collections de marques disparues dans cette catastrophe.

Par toutes ces raisons, j'estime qu'il y a lieu d'émettre un avis tendant au maintien de la procédure actuelle telle qu'elle a été organisée par la loi de 1857 et par le Règlement d'administration publique du 26 juillet 1858.

Quant au cliché typographique exigé par le nouveau projet et que chaque déposant serait tenu de joindre à son dépôt pour la reproduction du fac-simile des marques dans la feuille officielle de la propriété industrielle et commerciale, j'estime que c'est une complication qu'il est préférable d'éviter : sans aucun doute, la publication des dépôts dans une feuille officielle, comme celle que le Ministère du Commerce et de l'Industrie a si heureusement organisée il y a quelques années, est une innovation éminemment utile, et il est bon qu'elle soit désormais consacré par la loi — sans cependant admettre qu'elle doive avoir une influence quelconque sur la validité du droit de propriété des marques ni sur l'exercice des actions qui en sont la conséquence ; — mais il est préférable que la fourniture du cliché typographique, destiné à cette publication, incombe, comme par le passé, à l'administration ou au concessionnaire chargé d'éditer la feuille officielle affectée à ce service. Ceux qui seraient fournis par chaque déposant pourraient donner lieu à des réclamations, et n'être pas dans des conditions jugées convenables par l'éditeur, qui pourraient se croire autorisé à les refuser ; les conflits qui pourraient ainsi surgir entre les déposants et l'Administration seraient autant de difficultés qu'augmenterait encore la nécessité d'envoyer ces clichés par l'entremise des greffiers au Ministère qui les transmettrait ensuite à l'éditeur du journal. Ce sont là des causes de complications incessantes qu'il est préférable d'éviter, et puisque jusqu'alors les éditeurs du *Bulletin officiel de la Propriété industrielle et commerciale* ont pourvu d'une façon satisfaisante pour tout le monde à la fourniture des clichés dont il s'agit, pourquoi changer ce qui s'est fait jusqu'alors sans aucune difficulté pour personne ? Il est vrai que pour parer aux frais de l'exécution matérielle de ce travail, le Gouvernement s'est obligé à leur tenir compte d'une subvention annuelle de 20,000 francs, et qu'il demande, à juste titre, d'ailleurs, à être exonéré de cette charge qui incombe au budget de l'État. Mais il est facile de donner cette satisfaction légitime aux réclamations du Ministre en imposant à chaque dépôt de marques, en dehors des frais de greffe, de timbre et d'enregistrement qui sont extrêmement modérés, une taxe de 10 francs par chaque marque déposée; cette taxe pourrait être perçue par le greffier en même temps que les droits d'enregistrement et de timbre au moment même du dépôt, à charge par lui d'en tenir compte au receveur de l'Enregistrement. Si l'on considère que le nombre des marques déposées en France atteint par année une moyenne de plus de six mille, on arrive à ce résultat que la taxe de 10 fr. produirait un minimum de 60,000 fr., somme bien supérieure à la subvention dont le Ministre demande à être exonéré. Telles sont les conditions sous lesquelles je vous demande, Messieurs, de donner votre approbation à la disposition qui doit avoir pour effet de consacrer légalement la publication des dépôts de marques, publication qui, dans l'état actuel de notre législation, est simplement officieuse. Mais j'insiste sur ce que cette publication, — dont le soin incombe, d'ailleurs, à l'Etat, — ne doit avoir aucune conséquence ni par rapport au droit de propriété des marques, ni par rapport aux actions qui garantissent cette propriété : elle ne peut, en effet, et ne doit constituer qu'une mesure d'ordre et de police destinée à faciliter les recherches des intéressés, mais non un complément de formalités auxquelles l'exercice des droits de propriété d'une marque puisse être subordonné en quoi que ce soit.

Tout ce long examen du titre II aboutit à une modification si considérable du projet qui vous est soumis, que pour les résumer plus clairement, je crois devoir vous soumettre la rédaction suivante, qui en deux articles au lieu de quatre, donnerait, selon moi, une légitime satisfaction aux intérêts qu'il s'agit de sauvegarder.

« ARTICLE 4. — Celui qui, le premier, a fait l'usage public d'une marque en a seul la propriété. Néanmoins, nul ne peut revendiquer cette propriété exclusive, ni intenter aucune action civile ou correctionnelle contre les atteintes qui y sont portées, s'il n'a préalablement déposé au greffe du Tribunal de Commerce de son domicile, deux exemplaires du modèle de sa marque, en observant les formalités prescrites par le Règlement d'administration publique du 26 juillet 1858, dont toutes les dispositions sont maintenues. — La nature du produit sur lequel la marque est destinée à être apposée, ne peut faire obstacle au dépôt de la marque et à sa revendication. — Il sera perçue, pour le compte de l'Etat et par les soins du greffier, en dehors des frais de greffe, de timbre et d'enregistrement de l'acte de dépôt, une taxe de 10 francs par chaque marque déposée.

» ARTICLE 5. — L'acte de dépôt sera inséré dans le plus bref délai possible et par les soins de l'administration dans le *Bulletin officiel de la propriété industrielle et commerciale*, publié sous la direction et le contrôle du Ministère du Commerce et de l'Industrie ; cette insertion contiendra la reproduction en fac-simile des marques déposées. Il sera pourvu aux frais de cette publication et des clichés qu'elle pourra nécessiter, au moyen de la taxe de 10 fr. établie par le 3e § de l'article précédent. »

Vous remarquerez, Messieurs, que dans les deux articles qui précèdent, je ne reproduis pas l'interdiction formulée dans le projet de la commission à l'adresse du ou des fonctionnaires chargés de recevoir les dépôts, en leur refusant tout droit de contrôle sur la teneur des dépôts et des marques qui en sont l'objet. Aucune disposition de loi ne leur ayant jamais reconnu ou attribué ce droit, il me semble inutile de le leur interdire, et si quelques greffiers se l'arrogeaient, comme on affirme que cela s'est déjà présenté dans certains cas, les parties intéressées auraient à se pourvoir par les voies de droit pour obtenir la satisfaction qui leur serait due.

Le titre III auquel nous passons traite de la durée et de la validité des marques : je n'ai que peu d'observations à vous présenter sur cette partie du projet ; comme la loi de 1857, le premier article de ce titre (le 8ᵉ du projet) fixe à 15 ans l'efficacité du dépôt, qui peut être indéfiniment renouvelé, et qui peut aussi être annulé soit par la volonté du déposant, soit par autorité de justice ; dans les deux cas, la radiation est mentionnée en marge de l'acte de dépôt et publié dans les mêmes formes que le dépôt lui-même. En cas d'annulation par autorité de justice, pour atteinte portée à l'ordre public ou aux bonnes mœurs, le Tribunal doit en outre ordonner la destruction du corps de délit. — D'après l'article suivant, en cas de non renouvellement, la marque ne tombe pas immédiatement en déchéance ; elle ne devient libre qu'après une période de deux ans à compter de l'expiration des 15 ans courus depuis le jour du dépôt ou du dernier renouvellement ; de plus, les numéros des marques dont le dépôt n'aura pas été renouvelé devront être insérés dans la feuille officielle affectée à la propriété industrielle et commerciale pour servir d'avertissement au propriétaire en retard de renouveler.

Aux termes de l'article 10, tout intéressé pourra consulter au moyen d'un catalogue tenu constamment à jour le registre des dépôts de marques qui sont déclarés publics, et toute personne peut se faire délivrer des expéditions des actes qui les constatent.

Enfin l'article 11 énonce que les formalités ordonnées au sujet des mentions **M** de **F** ou **M** de **C**, l'interdiction de faire emploi de décorations françaises comme marques ou composant de marques, et l'annexe des pièces qui sont à joindre aux dépôts des marques sont prescrites à peine de nullité, sans préjudice des pénalités portées en l'article 25.

Vous aurez à vous demander, Messieurs, si les deux années de grâce ajoutées aux 15 ans de la durée efficace du dépôt, (qui par le fait se trouvera être en réalité une durée de 17 ans au lieu de 15) ont bien leur raison d'être, et si la publication au Bulletin officiel des numéros des dépôts de marques non renouvelés ne constitue pas une sollicitude exagérée en faveur d'intérêts qui, pour être si peu diligents, ne doivent avoir qu'une médiocre valeur ; pour ma part, je suis assez disposé à vous demander d'émettre l'avis que ces innovations n'offrent pas assez d'importance pour qu'il y ait lieu de les admettre dans la loi.

Par contre, tout ce qui concerne les cas d'annulation des dépôts prévus en l'article 8, peut très utilement y trouver sa place ainsi que les dispositions relatives à la publicité des registres, au droit pour tout intéressé de les consulter, etc., dispositions qui ont été d'ailleurs empruntées au règlement d'administration publique du 26 juillet 1858.

Quant à l'article 11, il y aura lieu de le mettre d'accord avec les décisions que vous croirez devoir adopter notamment au sujet des mentions **M** de **F** ou **M** de **C** prescrites par le dernier paragraphe de l'article 1er.

Le titre IV s'occupe d'un sujet extrêmement important et mérite de fixer quelque temps votre attention ; il traite en effet *du nom commercial, de la raison de commerce et du lieu de provenance.*

Le projet élaboré par la commission sénatoriale est, si je ne me trompe, le premier monument où ces importantes matières sont traitées au point de vue législatif : il divise en deux catégories bien distinctes les noms sous lesquels les entreprises commerciales, industrielles ou autres peuvent manifester leur activité et se faire connaître ; ces deux catégories comprennent, l'une : le nom commercial, et l'autre : la raison de commerce ; dont voici la définition telle que nous la donne l'article 12 :

« Le nom commercial est le nom simple ou composé sous lequel les commer-
» çants, industriels, producteurs ou exploitants exercent les actes de leur commerce,
» industrie ou exploitation ;

» La raison de commerce est la dénomination spéciale sous laquelle un établisse-
» ment industriel, commercial, une exploitation agricole, forestière ou extractive
» sont exploités »

Il résulte de cette double définition que le nom commercial, qui correspond exactement à ce que les législations étrangères appellent : « *la Firme* », est le nom même de la personnalité commerciale, industrielle ou autre, nom qu'elle emploie et qu'elle doit employer pour tous les actes se rapportant à son exploitation (commerciale, industrielle ou civile) d'où il suit que ce que le projet qui nous occupe détermine par les mots : nom commercial, se confond en règle générale avec le nom patronymique. Je dis : en règle générale parce qu'en fait, il existe certaines exceptions à ce principe, exceptions qui sont la conséquence des pseudonymes ou surnoms, qui par un long usage remplacent pour certaines personnes leurs noms patronymiques que souvent nu ne connaît plus. Il est évident que dans ces cas exceptionnels, le surnom ou le pseudonyme peuvent devenir le nom commercial de ceux qui les portent. Il résulte encore de cette définition que les raisons sociales qu'adoptent les sociétés en nom collectif, et qui ne peuvent comprendre que les noms des associés solidaires, ou celui de l'un d'eux, conformément aux articles 20 et 21 du Code de commerce, sont compris dans la catégorie des noms commerciaux.

Quant aux raisons de commerce, qu'il ne faut pas confondre avec les raisons sociales dont il vient d'être question, elles consistent d'après l'article 12 dans les noms ou dénominations de fantaisie, adoptés par un grand nombre d'exploitations commerciales, industrielles et civiles, dénominations dont la consécration légale admise par le projet de la commission sénatoriale, n'a reposé jusqu'alors que sur des décisions judiciaires plus ou moins concordantes, mais unanimes néanmoins à en reconnaître la légitimité. Ces noms, ces titres de fantaisie ainsi adoptés par certains établissements ne doivent pas être confondus avec les enseignes apposées sur les devantures des magasins, et qui leur servent de signe distinctif ; toutefois il faut reconnaître qu'il y a entre les uns et les autres, une grande corrélation et que souvent la raison de commerce est un dérivatif de l'enseigne.

Quoi qu'il en soit, la consécration légale que le nouveau projet de loi propose de leur donner et la distinction qu'il établit entre ces dénominations créées par la fantaisie et le nom commercial comblent une importante lacune de notre législation, et répond à un état de choses qui, non reconnu jusqu'alors par la loi, pouvait être plus ou moins sujet à contestation. Aussi cette partie du projet me paraît-elle mériter votre complète approbation.

Toutefois, Messieurs, il y a lieu de remarquer qu'en adoptant pour ses définitions les expressions de : Nom *commercial*, et raison de *commerce*, le projet commet une réelle inexactitude ; on comprendrait qu'il les eut adoptées, si les noms qu'il divise ainsi en deux catégories ne concernaient que des exploitations commerciales ou industrielles ; mais, comme l'article 12 qui nous occupe, reconnaît à bon droit la propriété des noms et dénominations de fantaisie également au profit des exploitations agricoles, viticoles, forestières ou extractives, lesquelles ne rentrent à aucun titre dans la catégorie des entreprises commerciales ou industrielles, il est à regretter que, dans sa définition, la commission sénatoriale n'ait pas fait choix d'expressions qui ne soient pas limitatives comme le sont les mots *commercial* et *de commerce*. Elle eut pu le faire, en faisant entrer définitivement dans notre langue juridique le mot *Firme*, déjà consacré par l'usage, et en l'employant à la place du mot : Nom commercial ; d'un autre côté, elle eut pu remplacer la Raison de commerce, qui a, de plus, l'inconvénient de créer une confusion avec la raison sociale, en se servant des mots : *Dénominations spéciales*, et, dans ce cas, le second § de l'article 12 pourrait être rédigé dans ces termes : « Indépendamment de la firme, la loi reconnaît les dénominations spéciales » sous lesquelles etc...... », et le reste comme dans le projet.

Cette rédaction aurait au moins l'avantage d'éviter la contradiction que je viens de relever entre le texte limitatif du projet, et sa signification réelle.

Après avoir défini, comme nous venons de le voir, les deux formes de noms sous lesquelles les diverses entreprises du commerçant, de l'industriel et du producteur en général peuvent se manifester aux tiers, le projet détermine les conditions auxquelles cette propriété doit se conformer pour pouvoir invoquer la protection de la loi. Ces conditions sont spécifiées en l'article 13, qui, après avoir posé en principe que « la propriété d'un nom commercial ou d'une raison de commerce (ou plus exactement » à mon avis : d'une Firme ou d'une Dénomination spéciale) appartient à celui qui le » premier en a fait usage, stipule qu' « ils sont l'un et l'autre soumis à une déclaration » et une publication préalables qui devront être régularisées dans les mêmes conditions » que les dépôts et publications des marques. »

On ne peut qu'approuver ces sages dispositions, sauf à en modifier les formalités, en adoptant celles qui sont actuellement suivies pour le dépôt des marques et dont je vous ai proposé, Messieurs, de demander le maintien.

Quant au dernier paragraphe de l'article 13, il contient une disposition que je dois absolument combattre ; il est ainsi conçu : « A défaut de déclaration, l'ayant-droit ne » pourra invoquer que les dispositions de l'article 1382 du Code civil. »

C'est, à peu de choses près, l'application du principe introduit dans les articles 4 et 6 en ce qui concerne les marques, principe que l'honorable rapporteur M. Dietz-Monnin a résumé dans cette formule : « Pas de dépôt, pas d'action ! » Toutefois pour les firmes et les dénominations spéciales, les auteurs du nouveau projet de loi n'ont pas été aussi absolus, et ont tout au moins réservé à la partie lésée par les atteintes portées à sa firme ou à la dénomination spéciale de son établissement, l'action en dommages-intérêts résultant des dispositions générales de l'article 1382. Ils avaient pour cela une bonne raison, c'est que si pour les firmes et les dénominations ils avaient appliqué leur principe aussi rigoureusement que pour les marques, ils se seraient mis en contradiction flagrante avec la convention diplomatique de 1883 qui a constitué l'Union internationale pour la protection de la propriété industrielle et commerciale : convention aux termes de laquelle, le nom commercial est protégé par lui-même et abstraction faite de toutes formalités. Mais c'est à regret que les auteurs du projet ont dû s'incliner devant cette disposition formelle et concéder que les atteintes portées à la propriété des firmes ou noms commerciaux, ainsi qu'aux dénominations ou raisons de commerce donneraient tout au moins ouverture à une action en dommages et intérêts. Quant aux autres actions, soit civiles en revendication de propriété, soit correctionnelles en répression des contrefaçons ou imitations frauduleuses, elles sont rigoureusement refusées à tout commerçant, industriel ou producteur pour faits antérieurs à la déclaration et à la publication des firmes ou dénominations qui en ont été atteintes.

Par les raisons que j'ai déjà développées quand il s'est agi des marques, je ne saurais admettre une aussi grave atteinte portée à ce principe de notre droit civil : que le dépôt en matière de marques, comme la déclaration en matière de firmes et de dénominations, ne doit être que déclaratif et non attributif du droit de propriété, d'où la conséquence que tous les faits qui portent atteinte à la propriété des marques, firmes ou dénominations, pourvu qu'ils ne soient pas atteints par la prescription, doivent être soumis à toutes les actions admises par la loi en vue de les protéger, sous la seule condition d'en régulariser le dépôt ou la déclaration préalablement à l'introduction de l'action. Il y a en effet entre les firmes et les dénominations d'une part et les marques d'autre part une telle parité de situation, que les règles et les principes applicables aux unes, doivent être nécessairement appliquées aux autres. Cela étant, il y aurait lieu, à mon avis, d'amender le § 4 de l'article 13 en le rédigeant dans les termes suivants : « Aucune action civile en revendication de propriété d'une
» firme ou d'une dénomination, ou en dommages-intérêts contre les atteintes portées
» à cette propriété ne sera recevable avant la régularisation de l'acte de déclaration
» auquel elles sont soumises par le § 2 ci-dessus ; il en sera de même pour les pour-
» suites correctionnelles auxquelles la présente loi donne ouverture. »

Comme corollaire de l'article 13, je dois mentionner ici l'article 17, — qui serait mieux à sa place, s'il venait immédiatement après l'article 13 — car il dispose que
« nul ne peut exercer une industrie ou un commerce, ou entreprendre une exploita-
» tion soit sous une raison de commerce (dénomination), soit sous un nom commercial
» (firme) déjà employés dans la même industrie, le même commerce ou la même
» exploitation sans les différencier manifestement de manière à éviter toute confu-
» sion. »

Cette disposition est une conséquence logique du respect dû à la propriété d'autrui ; mais bien entendu elle ne saurait faire obstacle au pouvoir qui appartient toujours aux Tribunaux d'ordonner telles mesures qui leur paraîtraient indispensables pour la répression des fraudes auxquelles les homonymies pourraient donner lieu.

Les articles 15 et 16 qui stipulent le premier que « la propriété du nom com-
» mercial (firme) et de la raison de commerce (dénomination) est distincte de la

» propriété particulière d'un nom employé sous une forme distinctive à titre de
» marque, dans les termes de l'article 2 de la présente loi », — et le second aux
termes duquel « nul ne peut se servir du nom d'un tiers pour la désignation d'un
» produit, à moins que, par la volonté de ce tiers, ce nom soit devenu la désignation
» nécessaire et usuelle du produit ; dans ce cas, celui qui se sert d'un tel nom doit
» y joindre les mentions, indications ou signes suffisants pour empêcher toute confu-
» sion sur l'origine du produit » ne me paraissent devoir donner lieu à aucune
observation ; je dirais toutefois que ces 2 articles me sembleraient mieux placés à la
suite de l'article 17, dont je viens de parler, et qui devrait prendre la place de
l'article 14.

Quant à cet article 14, auquel j'assignerais la place de l'article 17, il traite du lieu
de fabrication et de production, et demande une étude très approfondie. Il a en effet
pour but d'interdire les fraudes qui consistent à attribuer aux produits livrés au commerce ou à la consommation une origine autre que celle dont ils proviennent réelle-
ment, et voici sous quelle forme il nous est présenté par la commission sénatoriale :

» Nul n'a le droit de se servir du nom d'un lieu de fabrication ou de production
» pour désigner un produit fabriqué dans un autre lieu, sauf pour l'ayant-droit la
» faculté d'apposer le nom de son établissement principal sur les produits fabriqués
» en France par lui ou pour son compte dans une autre localité française.

» — Est réputé lieu de fabrication, la ville, la localité, la région ou le pays dont
» le nom donne au produit sa renommée. — Ce nom appartient collectivement à tous
» les fabricants ou producteurs de ladite ville, localité, région ou pays. »

Le but de cet article, dicté, comme la loi du 28 juillet 1824, par un sentiment de
moralité, est de compléter ce que cette loi offrait d'insuffisant dans son contexte qui
ne punissait les indications mensongères d'un lieu de fabrication, que lorsqu'ils
étaient apposés ou qu'on les faisait apparaître sur des objets fabriqués. Ces impres-
sions de lieu de fabrication et objets fabriqués avaient pour effet d'exclure du bénéfice
de la loi tous les produits naturels, qui bien plus encore que les objets fabriqués,
tirent du sol qui les produit, de la contrée dont ils proviennent, les qualités spéciales
auxquelles ils doivent leur réputation. Avec juste raison, la commission sénatoriale a
voulu que désormais la protection de la loi s'étendît jusqu'à eux, et que nul ne put
vendre sous le nom d'une contrée à laquelle ses produits doivent leur renommée
d'autres produits de même espèce, mais provenant d'une contrée différente. C'est ce
qui résulte nettement de ces mots : nul n'a le droit de se servir du nom d'un lieu de
fabrication ou de production, etc. Mais pour maintenir cette netteté, il est indis-

pensable d'ajouter au second membre de phrase du paragraphe dont je viens de rapporter le texte un mot qui paraît avoir été involontairement omis par les rédacteurs du projet ; en effet, après avoir interdit l'emploi du nom d'un lieu de fabrication ou de *production* on ajoute : « pour désigner un objet fabriqué dans un autre lieu », ce qui ne correspond plus avec le commencement, puisqu'on ne mentionne plus que les objets fabriqués. Il faudrait donc dire pour être correct et complet : « un objet » fabriqué dans un autre lieu ou *en provenant*. » Dans le même ordre d'idée il y a lieu de modifier les termes du § 2 de ce même article, où il est dit : « est réputé lieu de *fabrication*, etc. », alors qu'il faudrait dire : « est réputé lieu de fabrication ou de production, etc. » Ce sont là des rectifications qui sont trop dans l'ordre d'idée que les auteurs du projet ont eu en vue pour qu'elles puissent faire difficulté. Mais il n'en est pas de même de l'exception admise au profit des fabricants, exception qui leur reconnaît « la faculté d'apposer le nom de leur établissement principal sur les produits » fabriqués en France par eux-mêmes ou pour leur compte dans une autre localité » française. » Que cette faculté soit concédée aux fabricants, qui n'empruntent pas leur matière première à la contrée où sont situées leurs manufactures, et qu'un fabricant de tissus de Reims, par exemple, qui achète à l'étranger des laines ou des cotons, qu'il prépare ou fait préparer, en vue de les utiliser à la fabrication de tels ou tels articles, et qu'il les fasse tisser au dehors dans une succursale située à Rethel, je suppose, ou pour son compte par un tiers façonnier, dont l'établissement est à Roubaix, et que ce fabricant appose ou fasse apposer sur le produit fabriqué la mention « Fabrique de Reims », « Tissus de Reims », je l'admets, car le sol de Reims n'a produit aucun des éléments essentiels qui sont entrés dans la fabrication de ces tissus. Mais qu'un négociant en Vins de Champagne possédant dans la Marne un établissement puisse établir une succursale à Saumur, par exemple, et y préparer des Vins mousseux composés de produits originaires des bords de la Loire, dans lesquels il aurait même, je veux l'admettre, fait entrer une certaine quantité plus ou moins grande de vins originaires de Champagne, et que ce négociant soit autorisé de par la loi à vendre ces produits en les revêtissant du nom de Vin de Champagne, et du nom de la localité où il a le siège principal de ses affaires, c'est ce qu'il me paraît difficile d'admettre ; ne voit-on pas en effet, quels dangers présenterait une pareille faculté, et quelle facilité elle accorderait à la fraude ? Cette fraude elle existe déjà, malheureusement, et notre commerce vinicole a bien de la peine à la poursuivre et à l'atteindre, tant elle est habile à se dissimuler. Mais que serait-ce le jour où s'abritant derrière une disposition formelle de la loi, elle n'aurait plus à redouter d'obstacle ? Et ce que je dis ici par rapport à notre commerce de vins s'appliquerait également aux autres produits, quels qu'ils soient, dont les qualités spéciales dues à la nature du sol se personnifient, si je puis m'exprimer ainsi, dans le nom du lieu, de la contrée ou de la région dont ils sont originaires, et qui leur donne leur renommée.

Il est donc indispensable de restreindre la faculté dont il est question aux objets fabriqués proprement dits et de l'interdire au contraire pour les produits assez improprement considérés comme leur étant assimilables, ce qui pourrait être stipulé en ces termes qui feraient l'objet d'un paragraphe supplémentaire : « Toutefois cette faculté » ne s'étend pas aux produits naturels du sol, quel que soit le travail ou la manu-» tention auxquels ils sont soumis, pour être livrés au commerce ou à la consomma-» tion. »

Sur le surplus de l'article qui nous occupe, je ne vois, Messieurs, aucune autre observation à vous présenter, et j'estime qu'il y a lieu d'y donner une entière et complète approbation.

L'article 18, qui forme à lui seul le Titre V de la loi, traite de la transmission de propriété des marques, des firmes et des dénominations. Les premières ne peuvent être cédées qu'avec l'exploitation du produit qu'elles servent à caractériser, et les secondes, qu'avec le fonds, c'est-à-dire l'établissement ou l'exploitation dont elles font en quelque sorte partie. Ces dispositions s'expliquent d'elles-mêmes et ne sauraient donner lieu à une observation quelconque. Il en est de même du paragraphe aux termes duquel la transmission n'a d'effet à l'égard des tiers qu'après le dépôt et la publication d'un extrait de l'acte de cession dans les formes prescrites pour le dépôt des marques et la déclaration des firmes et des dénominations.

Au titre VI, nous trouvons les *dispositions relatives aux étrangers.*

L'article 19, par lequel ce titre commence, garantit aux étrangers qui possèdent en France des établissements énumérés au § 2 de l'article 1er, — c'est-à-dire une fabrication, une production ou une exploitation — le bénéfice pour les produits de ces établissements de la protection légale de leurs marques, firmes et dénominations, à la condition de remplir les formalités qu'elle prescrit. Cette disposition par cela même qu'elle omet les produits faisant l'objet d'un commerce possédé et exploité en France par un étranger, semblerait vouloir les en exclure, et il y aurait d'autant plus lieu de le penser que l'article 1er du projet après avoir énuméré dans le § 2 les établissements de fabrication, de production et d'exploitation, consacre un autre paragraphe, le 3e, aux choses qui font l'objet d'un commerce ; mais telle n'a pas été l'intention des auteurs du projet de loi, ainsi qu'il est facile de s'en convaincre en se reportant au commentaire de l'honorable M. Dietz-Monnin, qui, dans son rapport s'exprime ainsi : « Cet article (l'article 19) est la reproduction exacte de l'article 5 de la loi de 1857. » ......; c'est l'égalité devant la loi pour le résidant étranger possédant ou exerçant

» en France une industrie ou *un commerce.* » Il n'y a donc eu dans la rédaction de l'article 19 qu'une simple omission involontaire, mais qu'il est nécessaire de réparer pour éviter dans l'avenir des difficultés de texte qui ne laisseraient pas que d'être très sérieuses. Une légère modification dans la rédaction de cet article suffira pour faire disparaître à cet égard toute ambiguïté ; il suffirait en effet de dire : « Les étrangers » qui possèdent en France des établissements commerciaux ou autres jouissent, etc.…» et le reste comme dans le projet.

Aux termes de l'article 20, les étrangers et les français dont les établissements sont situés hors de France jouissent également du bénéfice de la protection légale pour les produits de ces établissements, si, dans les pays où ils sont situés, des conventions diplomatiques ou des lois intérieures ont établi directement ou indirectement, la réciprocité pour les marques françaises, le nom commercial (firme) et la raison de commerce (dénomination). Dans ce cas, outre le dépôt et la déclaration que l'étranger ou le français dont il s'agit sont tenus d'effectuer en France, — au Dépôt central, suivant le projet, ou au Tribunal de commerce de la Seine, suivant le système de la loi de 1857, dont j'ai demandé le maintien — ils sont en outre tenus de faire une élection de domicile à Paris et sont soumis à la juridiction du Tribunal civil de la Seine pour toutes les actions relatives aux dépôts effectués par eux ou en leur nom. Enfin ce même article 20 dispose encore que toute marque régulièrement déposée dans les Etats où se trouve le siège de leurs établissements, sera admise telle quelle au dépôt en France.

Toute la première partie de cet article, reproduite textuellement de l'article 6 de la loi de 1857, ne peut être qu'approuvée ; il en est de même de la disposition nouvelle relative à l'élection d'un domicile à Paris, domicile qui sera surtout attributif de juridiction pour tout litige relatif aux dépôts faits en France par des étrangers ou des français établis hors de France. Le dernier paragraphe seul me paraît devoir être modifié : non que je veuille critiquer sa disposition, qui est en soi juste et équitable, mais si juste et si équitable qu'elle soit, il me semble qu'elle devrait être subordonnée, à la condition d'un droit réciproque qui serait garanti aux citoyens français par les lois du pays de l'étranger qui voudrait profiter de l'avantage que la loi française lui concède.

Les articles 21 et 22 aux termes desquels les contrefaçons ou imitations illicites des marques, noms commerciaux ou raisons de commerce des étrangers ou des Francais établis hors de France qui auraient pu être commises en France à leur préjudice, postérieurement à la loi de 1857, ne peuvent leur être opposées comme cause de déchéance, mais qui par contre ne reconnaissent à ces étrangers et Français, pour leurs marques, nom commercial et raison de commerce pas plus de droit qu'ils n'en ont dans le pays où ils sont établis, sont des dispositions qu'il suffit d'énoncer et dont l'approbation ne peut être douteuse.

L'article 23 est l'un des plus importants de la nouvelle loi projetée : il a pour but d'atteindre toutes les fraudes ou manœuvres qui tendent à faire passer pour français des produits fabriqués à l'étranger ou en provenant. C'est le projet primitif de M. Bozérian, celui qui a servi de point de départ au travail considérable que la commission sénatoriale lui a substitué. Les dispositions par lesquelles elle prévoit et prohibe ces fraudes me semblent donner toutes les satisfactions que l'industrie et le commerce français peuvent légitimement réclamer, et je ne puis, Messieurs, que vous proposer de les approuver en principe. Cependant je dois vous faire observer que, perdant de vue les produits de l'agriculture et de la viticulture, ainsi que ceux qui proviennent des exploitations forestières, extractives et autres, auxquels au début de leur œuvre les auteurs du nouveau projet ont reconnu un droit à la protection de la loi égale à celle qu'elle accorde aux produits d'une industrie ou aux objets d'un commerce, ils les ont complétement laissés de côté dans les mesures qu'ils prescrivent, en sorte que si leur projet était maintenu dans les termes où il est rédigé, on pourrait introduire en France, avec des mentions de nature à leur attribuer une origine française, des houilles, des ardoises, des vins, des grains, des bestiaux, etc., sans qu'ils soient prohibés à l'entrée, ni exclus de l'entrepôt, ni saisis, ni confisqués ! C'est une lacune qui peut d'ailleurs être facilement comblée par quelques modifications à introduire dans le texte de l'article 23, en spécifiant que les prohibitions qu'il édicte s'appliquent aussi bien aux produits étrangers portant le nom d'un lieu ou d'une région de provenance que de fabrication française.

L'article 24, qui termine le titre VI, mais qui ne se rapporte guère au sujet traité dans ce titre, détermine par qui peuvent être exercées les actions résultant de la loi.

C'est en première ligne l'ayant droit à une marque déposée, à un nom commercial, à une raison de commerce, à un lieu de fabrication ou à une région de production ; (il serait plus conforme à la définition de l'article 14 § 2, de dire simplement : à un lieu de production) ; en deuxième lieu, c'est l'acheteur trompé ; en troisième lieu, les syndicats professionnels régulièrement constitués ; et enfin toute partie ayant un intérêt né et actuel. Cet article ne saurait donner lieu à aucune observation.

Au titre VII, nous arrivons aux pénalités qu'il me paraît inutile de relever ici en détail : je dois cependant vous signaler, Messieurs, le § 8 de l'article 25, qui contient une innovation qu'on ne peut, ce me semble, qu'approuver entièrement. Ce paragraphe, en effet, punit d'une amende qui ne peut être moindre de 100 fr., ni excéder 10,000 fr.

« Ceux qui, ayant mis en vente ou reçu en dépôt une ou plusieurs marques déclarées
». délictueuses par les paragraphes précédents, un ou plusieurs produits revêtus de
» telles marques, auront refusé de fournir par écrit au propriétaire de la marque, après
» en avoir été requis par ministère d'huissier, des renseignements sur le nom et
» l'adresse de celui ou de ceux qui lui ont vendu ou procuré lesdits produits, le prix,
» l'époque de la livraison et toutes autres circonstances propres à faciliter la poursuite. »

Dans l'article 26, il y a lieu de signaler le § 3 qui punit d'une amende de 50 à
1,000 fr., ceux qui auront contrevenu aux prescriptions du dernier paragraphe de
l'article 1er, c'est-à-dire ceux dont les marques ne seraient pas accompagnées d'une
façon apparente des mentions **M** de **F** ou **M** de **C**. Il est évident que cette sanction
pénale suivra le sort de la disposition à laquelle elle se rattache, et que si celle-ci,
comme j'aime à l'espérer, est retranchée du projet, l'autre en disparaîtra également.

Enfin, Messieurs, j'appelle encore votre attention sur l'article 27, qui à bon droit,
ce me semble, met dans tous les cas de contrefaçons, d'imitations frauduleuses, de
mise en vente d'objets revêtus de marques contrefaites ou imitées frauduleusement,
de firmes ou dénominations usurpées, imitées ou contrefaites, etc., la preuve de la
bonne foi à la charge du prévenu. Il est manifeste que la détention de marchandises
revêtues de marques ou de noms contrefaits etc., est une présomption de culpabilité
ou de complicité, que le détenteur doit avoir l'obligation de détruire non pas en
alléguant simplement, mais en prouvant sa bonne foi.

Sur le surplus de ce titre, il n'y a ce me semble, aucune observation à faire, ce
qui me permet d'aborder le titre VIII qui traite des juridictions.

Ce titre, sauf le dernier article, est une reproduction complète du titre corres-
pondant de la loi de juin 1857 ; il maintient, quant aux actions civiles relatives aux
marques, la juridiction et la compétence des Tribunaux civils ; il maintient également
les formes relatives aux saisies et descriptions des produits portant des marques
prétendues contrefaites ou imitées frauduleusement, ainsi que les délais dans lesquels
les actions principales doivent être intentées sous peine de déchéance. La seule
nouveauté que nous rencontrons ici se trouve dans l'article 35, qui dispose « que les
» procès-verbaux dressés par ministère d'huissier feront foi de leur contenu pourvu
» qu'ils aient été signifiés et que l'action ait été intentée dans un délai de 15 jours à
» partir du constat, la preuve contraire étant de droit. » Cet article, à mon avis, était
inutile, car d'une part, la loi en investissant les huissiers du mandat de faire les cons-
tatations nécessaires à la démonstration du délit a par cela même accordé créance à
leurs procès-verbaux, mais bien entendu toujours jusqu'à preuve du contraire. J'estime
donc que cet article pourrait être supprimé sans le moindre inconvénient.

En ce qui concerne les actions civiles en revendication de la propriété des firmes et des dénominations spéciales, ou en dommages-intérêts pour atteintes portées à ces propriétés, le projet ne contient aucune disposition attribuant la connaissance de ces actions soit aux Tribunaux civils, soit aux Tribunaux de commerce. Je crois qu'il serait bon que la loi nouvelle s'expliquât sur ce point, en maintenant comme par le passé, à la juridiction commerciale toutes les contestations civiles relatives aux firmes et aux dénominations.

Le Titre IX⁰ et dernier est relatif aux dispositions générales et transitoires.

Un seul des articles de ce titre demande à être examiné, c'est l'article 36, dont le § 1ᵉʳ est ainsi conçu : « Pour pouvoir bénéficier des actions ouvertes par la présente » loi, tout dépôt de marque, opéré antérieurement à sa promulgation, devra être » complété par la remise au Dépôt central d'un cliché de ladite marque et le verse- » ment des frais de publication déterminés par le règlement d'administration » publique. »

C'est là une disposition que j'ai déjà critiquée par avance à l'occasion de l'article 4, aux termes duquel celui qui veut faire le dépôt de ses marques doit y joindre un cliché typographique, destiné à la reproduction de leur fac-similé dans le Journal officiel de la Propriété industrielle et commerciale ; je n'ai donc, pour vous demander de repousser cette obligation que l'on veut imposer également aux dépôts antérieurs à la nouvelle loi, qu'à me référer à ce que j'ai dit plus haut : j'ajouterai qu'il y a d'autant plus de raison pour en demander le rejet, que d'une part elle aurait pour conséquence de donner à la loi un effet rétroactif que rien ne saurait justifier, et que d'autre part, comme les marques déposées sous l'empire de la loi actuelle sont déjà d'office publiées et reproduites par fac-similé dans le Bulletin officiel, on ne voit pas à quoi leurs clichés pourraient être utiles.

Le 2ᵉ § de l'article 36 a pour but de dispenser de cette formalité rétroactive les marques déposées en Alsace-Lorraine antérieurement au traité de paix du 10 mai 1871, par des citoyens demeurés français ; ces marques ayant été admises en Allemagne à la condition de rester ce qu'elles étaient à cette date, il en résulte qu'une modification quelconque apportée à leur constitution pourrait leur faire perdre tous leurs droits. Mais en supprimant le 1ᵉʳ § de cet article, le danger auquel les auteurs du projet ont voulu parer cesserait en même temps d'exister, ce qui rendrait ce paragraphe inutile.

Les articles suivants du Titre IX sont relatifs, d'une part, au règlement d'administration publique qui devra déterminer les formalités et mesures nécessaires à l'exécution de la nouvelle loi, déclarée exécutoire dans les quatre mois qui suivront sa promulgation, — (on a sans doute voulu dire ; quatre mois après sa promulgation) — et d'autre part, à l'abrogation des lois antérieures se rapportant aux diverses matières réglées par celle-ci. Aucune de ces dispositions ne pouvant donner lieu à une discussion, je termine ici, Messieurs, cette longue étude d'une loi dont l'importance est trop considérable eu égard aux intérêts auxquels elle se rapporte, pour qu'il ne fut pas indispensable d'en étudier en détail les dispositions, dont quelques-unes m'ont paru devoir être éliminées, mais dont d'autres constituent un véritable progrès sur la législation actuelle. Vous aurez à décider, Messieurs, quelles sont les critiques qui vous paraîtront fondées, et quelles sont en définitive les modifications qu'il y aurait lieu d'apporter au laborieux travail de la commission sénatoriale.